BEI GRIN MACHT SICH IHR WISSEN BEZAHLT

- Wir veröffentlichen Ihre Hausarbeit,
  Bachelor- und Masterarbeit

- Ihr eigenes eBook und Buch -
  weltweit in allen wichtigen Shops

- Verdienen Sie an jedem Verkauf

Jetzt bei www.GRIN.com hochladen und kostenlos publizieren

Bibliografische Information der Deutschen Nationalbibliothek:

Die Deutsche Bibliothek verzeichnet diese Publikation in der Deutschen National-bibliografie; detaillierte bibliografische Daten sind im Internet über http://dnb.d-nb.de/ abrufbar.

Impressum:

Copyright © 2015 GRIN Verlag, Open Publishing GmbH
Druck und Bindung: Books on Demand GmbH, Norderstedt Germany
ISBN: 978-3-668-17921-9

Dieses Buch bei GRIN:

http://www.grin.com/de/e-book/318325/anwendung-der-fuenf-axiome-von-paul-watzlawick-auf-die-gestoerte-kommunikation

Anwendung der fünf Axiome von Paul Watzlawick auf die gestörte Kommunikation in seiner "Geschichte mit dem Hammer" (Deutsch, 11. Klasse)

"Sie können Ihren Hammer behalten, Sie Rüpel"

GRIN Verlag

GRIN - Your knowledge has value

Der GRIN Verlag publiziert seit 1998 wissenschaftliche Arbeiten von Studenten, Hochschullehrern und anderen Akademikern als eBook und gedrucktes Buch. Die Verlagswebsite www.grin.com ist die ideale Plattform zur Veröffentlichung von Hausarbeiten, Abschlussarbeiten, wissenschaftlichen Aufsätzen, Dissertationen und Fachbüchern.

Besuchen Sie uns im Internet:

http://www.grin.com/

http://www.facebook.com/grincom

http://www.twitter.com/grin_com

Zentrum für schulpraktische Lehrerausbildung

Unterrichtsentwurf zum vierten Unterrichtsbesuch im Fach Deutsch

Thema der Unterrichtstunde:

„Sie können Ihren Hammer behalten, Sie Rüpel" – Anwendung der fünf Axiome von Watzlawick auf die gestörte Kommunikation in Paul Watzlawicks Kurzgeschichte „Die Geschichte mit dem Hammer".

Thema der Unterrichtsreihe:

Man kann nicht nicht kommunizieren – Analytische und handlungsorientierte Untersuchung von Kommunikationssituationen in Kurzgeschichten und der alltäglichen Sprache mit Hilfe unterschiedlicher Kommunikationstheorien.

Studienreferendar:	XXX
Anschrift:	XXX
Email:	XXX
Schule:	XXX
Anschrift:	XXX
Telefonnummer:	XXX
Datum:	XXX
Zeit:	XXX
Lerngruppe:	XXX
Raum:	XXX
Anzahl der Schüler/innen:	XXX
Kernseminarleiter:	**XXX**
Fachleiter, Fach:	XXX
Fachleiter, Fach:	XXX
Schulleiterin:	XXX
Ausbildungsbeauftragte:	XXX

Inhaltsverzeichnis

Thema der Unterrichtsreihe:

Man kann nicht nicht kommunizieren – Analytische und handlungsorientierte Untersuchung von Kommunikationssituationen in Kurzgeschichten und der alltäglichen Sprache mit Hilfe unterschiedlicher Kommunikationstheorien.

Thema der Unterrichtstunde:

„Sie können Ihren Hammer behalten, Sie Rüpel" – Anwendung der fünf Axiome nach Watzlawick auf die gestörte Kommunikation in Paul Watzlawicks Kurzgeschichte „Die Geschichte mit dem Hammer".

Stundenziel:

Die SuS analysieren die misslingende Kommunikation in der Kurzgeschichte „Die Geschichte mit dem Hammer", indem sie die fünf Axiome von Watzlawick auf den Text anwenden und Störfaktoren erkennen.

Teilziele:

1. Die SuS sollen ihr Verständnis der Theorie Watzlawicks festigen, indem sie die einzelnen Axiome wiederholen.

2. Die SuS sollen ihr Wissen in Bezug auf die einzelnen Axiome erweitern, indem sie jeweils ein bestimmtes Axiom im Text suchen und anschließend die Ergebnisse in ihrer Gruppe präsentieren.

3. Die SuS sollen ihre Sozialkompetenz stärken, indem sie miteinander in einer Gruppe an einem bestimmten Ergebnis arbeiten.

4. Die SuS erkennen Gründe für scheiternde Kommunikationen, indem sie in der Gruppe die Gründe für die misslungene Kommunikation in der Geschichte suchen und diskutieren.

Fakultativ:

5. Die SuS entdecken Möglichkeiten der Metakommunikation, indem sie eine weitere Begegnung beider Männer schreiben.

Darstellung der Unterrichtsreihe

Datum	Stunde	Thema
14.08	1	Erstes Kennenlernen und organisatorische Sachverhalte abklären.
17.08	2	Was ist Kommunikation? Brainstorming und eine erste Annäherung.
	3	Das Organonmodell - Grundfunktionen der Sprache nach Bühler.
21.08	4	Anwendung des Modells anhand ausgewählter Beispielsätze (EVA).
24.08	5	Erarbeitung von Merkmalen und Analysestrategien von Kurzgeschichten.
	6	Anwendung des Erarbeiteten am Beispiel „Vera sitzt auf dem Balkon", von Sibylle Berg.
28.08	7	Durchführung einer Schreibkonferenz und anschließenden Vorträgen.
31.08	8	Die Vier Ohren in der Kommunikation – Erarbeitung des Vier-Seiten-Modells von F. Schulz von Thun
	9	Anwendung des Modells anhand ausgewählter Beispielsätze
04.09	10	Rhetorische Figuren und Erzählperspektive – Referate zur Wiederholung und Festigung
07.09	11	Schrittweise Analyse der Kurzgeschichte „Die drei dunklen Könige" von Wolfgang Borchert.
	12	
11.09	13	Vorbereitungen zur Klausur mit Hilfe einer virtuellen Lerntheke. (EVA)
14.09	14 +15	Klausur
18.09	16	Wie genau können wir unter Zeitdruck kommunizieren? – Auswertung anhand des Praxisbeispiels „Mini-Floßbau".
21.09	17	Ausdrucksstark auch ohne Wörter – wie wir mit Körpersprache und anderer nonverbalen Kommunikation uns verständigen können.
	18	Erarbeitung der fünf Axiome nach P. Watzlawick
25.09	19	„Sie können Ihren Hammer behalten, Sie Rüpel" – Anwendung der fünf Axiome nach Watzlawick auf die gestörte Kommunikation in Paul Watzlawicks Kurzgeschichte „Die Geschichte mit dem Hammer".
19.10	20	Über misslungene Kommunikation reden und Probleme lösen – Bedingungen für Metakommunikation.
	21	Besprechung & Rückgabe der Klausur
23.10	22	Ein Vergleich der kennengelernten Kommunikationsmodelle – wo liegen Stärken und Schwächen der Modelle und wo lassen sich Gemeinsamkeiten und Unterschiede finden?

Verlaufsplan

Phase	Handlungsschritte	Sozialform	Medien	didaktisch - methodischer Kommentar
Einstieg	Begrüßung + Vorstellung „Geschichte mit dem Hammer" wird szenisch von der Lehrkraft gespielt. SuS fassen das Gesehene mit eigenen Worten zusammen. SuS sollen sich zu der Kommunikation in der Geschichte äußern.	UG		
Übergang + Wiederholung	Stundenthema wird den SuS präsentiert SuS formulieren Vermutungen, warum die Kommunikation scheitert Die Axiome werden von den SuS wiederholt Stundenablauf und Arbeitsauftrag werden transparent gemacht	UG	Tafel Tafel OHP	
Erarbeitung	Verteilen der Arbeits- und Aufgabenblätter Die SuS analysieren ihr zugeordnetes Axiom am Text Austausch und Erklärung in der Gruppe Warum ist die Kommunikationssituation gestört?	EA GA	Folie AB. Farbiges Papier	
Präsentation 1	Durch Zufall wird jeweils ein/e SuS aus einer Gruppe ausgewählt, der ein Axiom am Text vorstellen soll und die Ergebnisse an die Tafel hängt – Ergänzungen durch andere SuS	EA	Farbiges Papier Tafel	Jeder SuS muss durch den Austausch in der Gruppe in der Lage sein jedes Axiom vorstellen zu können – deswegen wird der Zufall entscheiden
Präsentation 2	Falls eine Gruppe schon bei Aufgabe 3 angekommen ist präsentiert sie ihre Ergebnisse, warum es sich um eine gestörte Kommunikation handelt Falls dies nicht der Fall ist werden die Gründe im Unterrichtsgespräch erarbeitet.			
Vertiefung & Sicherung	Die gehörten Ergebnisse werden zusammengefasst. Warum handelt es sich hierbei um eine gescheiterte Kommunikation? Rückbezug auf SuS Äußerungen zu Stundenbeginn bezüglich Kommunikation Formulierung eines Fazits	gelenktes UG	Tafel	Minimalziel der Stunde
didaktische Reserve oder Ha.	Die beiden Männer treffen sich am nächsten Tag zu einem klärenden Gespräch. Schreiben Sie einen Dialog der beiden Männer und achten Sie darauf, welche Bedingungen förderlich sind, damit das Gespräch gelingt und beide sich wieder vertragen.			

5

Begründung zentraler Aspekte der Unterrichtskonzeption

Die gezeigte Unterrichtsstunde ist die 17. Unterrichtsstunde der Reihe und hat das Thema „Sie können Ihren Hammer behalten, Sie Rüpel" – Anwendung der fünf Axiome nach Watzlawick auf die gestörte Kommunikation in Paul Watzlawicks Kurzgeschichte „Die Geschichte mit dem Hammer".

Legitimiert werden können die Stunde und ebenso die Reihe mit Hilfe der Landesvorgaben Nordrhein-Westfalens für das Zentralabitur 2016.[1] Hier sind die Reihe und ebenfalls die Stunde dem Inhaltsfeld 3 „Kommunikation" zuzuordnen.[2] Ebenso wird die Thematik der Kommunikation im schulinternen Lehrplan der SCHULE xxxx für die elfte Jahrgangsstufe gefordert.[3] In beiden Vorgaben wird erwartet, dass die SuS „die Darstellung von Gesprächssituationen in literarischen Texten unter Beachtung von kommunikationstheoretischen Aspekten analysieren"[4], was zentraler Schwerpunkt der heutigen Stunde ist. Die Gestaltung der Unterrichtsreihe orientiert sich weiterhin an den im Lehrplan geforderten Gestaltungsprinzipien des Unterrichts, wobei vor allem auf selbstständiges Arbeiten und wechselnde kooperative Arbeitsformen, aber auch auf frontale Phasen, wie beispielsweise das gelenkte Unterrichtsgespräch, Wert gelegt wird. Durch verschiedene Umstände haben zwei Stunden der bisherigen Reihe im Prinzip des eigenverantwortlichen Arbeitens, kurz EVA, stattgefunden. Dies bedeutet, dass die SuS eigenverantwortlich vorgegebene Aufgaben strukturieren und bearbeiten. Arbeitsergebnisse der SuS wurden des Öfteren durch kooperative Arbeitsformen ausgewertet, überarbeitet und kritisch von den SuS hinterfragt. Dies fördert die Kritikfähigkeit der SuS und gibt ihnen die Möglichkeit kritisch und reflektiert mit formulierten Texten umzugehen.

---

[1] Ministerium für Schule und Weiterbildung des Landes Nordrhein-Westfalen: Kernlehrplan für die Sekundarstufe II Gymnasium / Gesamtschule in Nordrhein-Westfalen, unter: http://www.schulentwicklung.nrw.de/lehrplaene/upload/klp_SII/d/KLP_GOSt_Deutsch.pdf (letzter Zugriff: 23.09.2015).
[2] Vgl.: Ministerium für Schule und Weiterbildung des Landes Nordrhein-Westfalen: http://www.schulentwicklung.nrw.de/lehrplaene/upload/klp_SII/d/KLP_GOSt_Deutsch.pdf, S.22 (letzter Zugriff: 20.09.2015).
[3] Vgl.: Schulinterner Lehrplan SII ab Abiturjahrgang 2017, S.1.
[4] Vgl.: Ebd.

Lerngruppenanalyse

Bei der Lerngruppe handelt es sich um eine der vier elften Klassen im Fach Deutsch der Schule XXXXX, die aus fünfzehn Schülerinnen und acht Schülern besteht. Ich habe seit diesem Schuljahr den Kurs im Zuge des bedarfsdeckenden Unterrichts übernommen. Die drei Wochenstunden sind auf eine Doppel- und eine Einzelstunde aufgeteilt. Vor allem in den ersten Unterrichtsstunden waren große Unsicherheiten der SuS zu bemerken. Dies lässt sich vermutlich auf mehrere Gründe zurückführen. Einer davon ist, dass der Übergang in die Oberstufe stattgefunden hat. Außerdem wurde der Kurs neu gebildet. Einige der SuS sind neu auf der Schule, und die anderen kommen aus unterschiedlichen zehnten Klassen, sodass auch diese sich nicht gut kennen. In den ersten Stunden war die mündliche Mitarbeit auf ca. fünf SuS begrenzt. Nachdem nochmals in einem offenen Gespräch den SuS nahe gelegt wurde, dass die mündliche Mitarbeit zentral für ihre Note ist und wir in dem Kurs „unter uns" sind und es keine „dummen" Antworten gibt, hat die Anzahl der aktiven SuS zugenommen. Dennoch gibt es immer noch vor allem einige Schülerinnen, von denen ich noch keine mündliche Beteiligung feststellen konnte. Aus verschiedenen Gründen wurden zwei der Einzelstunden in eigenverantwortlicher Arbeit ohne Lehrkraft durchgeführt. Bei einer anschließenden Austauschphase wurde deutlich, dass die Eigenverantwortung der SuS sehr unterschiedlich ausgeprägt ist. Ebenfalls ist die Qualität der Unterrichtsbeiträger der SuS sehr heterogen. Zwei Schüler sind besonders durch ihr Aufmerksamkeitsbedürfnis aufgefallen. Es handelt sich um zwei befreundete Jungen, die gerne das Unterrichtsgeschehen mit Kommentaren bereichern, die nicht immer etwas zum Thema beitragen. Die beiden sind im Lehrerkollegium gut bekannt und gelten als „Unruhestifter". Allerdings hielten sich die Äußerungen in den bisherigen Stunden im Rahmen. Durch **kooperative Lernformen**, den Einsatz von unterschiedlichen Methoden und Medien und der zunehmenden Abgabe der Verantwortung wird der Heterogenität Rechnung getragen. Ebenfalls soll durch Gruppenarbeiten, deren Zusammensetzung durch die Lehrkraft oder den Zufall bestimmt werden, erreicht werden, dass die SuS sich untereinander besser kennenlernen, indem sie miteinander arbeiten.

Hinsichtlich der **Lernausgangslage** ist anzumerken, dass die SuS unterschiedliche Wissensstände aufweisen. Um wichtige Grundlagen zu aktivieren wird mit Hilfe von freiwilligen Referaten und Präsentationen seitens der SuS gearbeitet.

Das Vorhaben in dieser Stunde ist es die Kurzgeschichte „Die Geschichte mit dem Hammer" von Watzlawick auf die fünf Axiome seiner Kommunikationstheorie zu untersuchen. Nachdem die SuS das Modell von Watzlawick und die einzelnen Axiome in der letzten Unterrichtsstunde kennengelernt haben, sollen sie diese nun auf die Kurgeschichte anwenden. Anschließend sollen sie beurteilen, warum es sich um eine gestörte Kommunikation handelt und was ausschlaggebende Punkte für diese Störung sind.

In der Kurzgeschichte „Die Geschichte mit dem Hammer" von Paul Watzlawick geht es um einen Mann, der ein Bild aufhängen möchte. Einen Nagel hat er bereits, allerdings hat er keinen Hammer. Schnell kommt er auf die Idee sich bei seinem Nachbarn einen Hammer zu leihen. Doch dann überkommen ihn Zweifel, ob der Nachbar ihm den Hammer leihen wird. Denn kürzlich hat er nur kühl und flüchtig gegrüßt. Er grübelt und kommt zu der Vermutung, dass der Nachbar ihn nicht leiden kann, obwohl er ihm nichts getan hat. Er selbst würde sofort Werkzeuge ausleihen, aber durch solche Leute eigensinnigen Leute wie der Nachbar einer ist, würde das Leben vergiftet werden. Wahrscheinlich bildet der Nachbar sich sogar noch ein, dass er auf ihn angewiesen sei – und das alles nur wegen eines Hammers. Der Mann stürmt anschließend zu der Wohnung des Nachbarn und klingelt. Die Tür geht auf, doch bevor der Nachbar etwas sagen kann, schreit der Mann ihn an: „Sie können Ihren Hammer behalten, Sie Rüpel!"

Diese kurze Geschichte wurde ausgewählt, da sich alle fünf Axiome Watzlawicks finden lassen und sie anschaulich zeigt, wie schnell eine gestörte Kommunikation entstehen kann. Das erste Axiom „Man kann nicht nicht kommunizieren" ist zentraler Ausgangspunkt der gestörten Kommunikation in der Geschichte. Die flüchtige Begrüßung zwischen dem Mann und dem Nachbarn lassen den Mann ins Grübeln kommen. Der Leser kann nicht genau herausfinden, ob der Nachbar zur Begrüßung ein Wort gesagt hat, oder nur eine Begrüßungsgeste ausgeführt hat. Dennoch führt diese wahrscheinlich nonverbale Begegnung zu Interpretationen, die weiterhin für die zweite Begegnung der beiden ausschlaggebend sind. Das erste Axiom ist auch bei der zweiten Begegnung der beiden Männer zu finden. Bei dieser Begegnung hat der Nachbar keine Chance sich zu äußern, da er von der Wut des Mannes überrascht wird. Diese zweite Begegnung löst bei dem Nachbarn Verwirrung und Empörung aus, da er den Kontext des Sachverhaltes nicht versteht und keinerlei Möglichkeit hat zu reagieren.

Das zweite Axiom, das aussagt, dass jede Kommunikation einen Inhalts- und einen Beziehungsaspekt aufweist, wobei letzterer den Inhaltsaspekt bestimmt, lässt sich ebenfalls sehr gut an der Geschichte belegen. Die Situation der Begrüßung zeigt auf, dass die Beziehungsebene die Inhaltsebene dominiert. Der Inhalt ist schlicht die Begrüßung. Dennoch zweifelt der Mann durch die Art der Weise der Begrüßung an der Beziehung zu seinem Nachbarn. Er hinterfragt die Beziehung und ist enttäuscht. Wahrscheinlich ist er von einer intensiveren Beziehung ausgegangen. Der Mann sucht nach möglichen Ursachen der nur flüchtigen Begrüßung und steigert sich immer tiefer in die Situation hinein, bis die Enttäuschung in Wut übergeht.

Axiom drei „Die Natur einer Beziehung ist durch die Interpunktion der Kommunikationsabläufe seitens der Partner bedingt" ist ebenfalls zu erkennen. Der Mann würde den Ausgangspunkt der gestörten Kommunikation in der flüchtigen Begrüßung des Nachbars sehen. Dieser hingegen wird die zweite Begegnung als den Ursprung der gestörten Kommunikation ansehen, da er sich sehr wahrscheinlich keiner Schuld bewusst ist, nur im Vorbeigehen gegrüßt zu haben. Bei der zweiten Begegnung hingegen wird er mit einem ihm komplett fremden Thema konfrontiert werden und keine Möglichkeit haben zu Wort zu kommen.

Das vierte Axiom „Menschliche Kommunikation bedient sich digitaler und analoger Modalitäten" ist in beiden Aufeinandertreffen der Männer zu erkennen. Bei der ersten Begrüßung wird es sich wahrscheinlich nur um eine analoge Kommunikation gehandelt haben. Beispielsweise einen Handgruß oder ein schnelles Vorbeigehen des Nachbars. Das zweite Aufeinandertreffen besteht aus digitaler und analoger Kommunikation. Der Mann „stürmt" zu dem Nachbarn hinüber, schreit diesen an und beschimpft diesen als Rüpel. Die analoge Kommunikation könnte hierbei die Drohung mit der Faust oder das vor Zorn errötete Gesicht sein, welches der Leser aber nur erahnen kann.

Zu Axiom fünf „Zwischenmenschliche Kommunikationsabläufe sind entweder symmetrisch oder komplementär aufgebaut" gibt es mehrere Hinweise und Deutungsmöglichkeiten im Text. Für eine symmetrische Beziehung der beiden Männer spricht auf den ersten Blick, dass es sich um Nachbarn handelt, die in keiner Hierarchie zueinander stehen. Während der Geschichte ist jedoch festzustellen, dass der Mann sich dem Nachbarn untergeben und von diesem nicht wahrgenommen fühlt.

Für das Scheitern dieser Kommunikation ist ein Zusammenspiel mehrerer Axiome verantwortlich. Die analoge Begrüßung des Nachbarn stellt den Ausgangspunkt des Misslingens dar. Wäre der analogen Begrüßung eine digitale Erklärung gefolgt, beispielsweise eine Begründung, warum der Nachbar es so eilig hat, wäre die Kommunikation eventuell nicht gescheitert. Auch Axiom zwei trägt zum Misslingen bei. Die Sachebene ist lediglich die Begrüßung. Auf der Beziehungsebene wird allerdings wahrgenommen, dass diese Begrüßung nur flüchtig geschehen ist. Was dann folgt ist die Interpretation dieser flüchtigen Begrüßung. Sachebene und Beziehungsebene sind somit nicht deckungsgleich und es kommt zu Missverständnissen und Fehlinterpretationen. Durch die Unsicherheit der Beziehungsintensität beider Männer fängt der Mann an diese Situation zu hinterfragen und zu interpretieren.

Der Schwerpunkt der Unterrichtsstunde ist die Anwendung und Analyse der fünf einzelnen Axiome auf den Text „ Die Geschichte mit dem Hammer". Durch diese Anwendung wird im Anschluss die Frage beantwortet, warum es zu der misslingenden Kommunikation kommt. Der Einstieg erfolgt durch das szenische Spiel der Kurzgeschichte durch die Lehrkraft. Dieser Einstieg soll die Motivation der SuS fördern und den Fokus auf die Geschichte lenken. Die SuS sollen das Gesehene in eigenen Worten zusammenfassen und sich zu der Kommunikation in der Geschichte äußern. Das Stundenthema „Warum ist die Kommunikation gestört? – Analyse mit Hilfe der 5. Axiome nach Watzlawick" wird anschließend den SuS präsentiert und sie sollen erste Vermutungen aufstellen, warum die Kommunikation in der Geschichte misslingt. An dieser Stelle ist es möglich, dass die SuS schon einige richtige Vermutungen äußern, was allerdings kein Problem darstellt, da wir diese Vermutungen anschließend überprüfen. Bevor die Erarbeitungsphase startet werden nochmals die fünf Axiome von den SuS wiederholt und an der Tafel festgehalten. Diese Wiederholung ist notwendig, da sich die SuS zur Anwendung in der Erarbeitungsphase der Bedeutungen der Axiome bewusst sein müssen. Bevor es zu der Erarbeitungsphase kommt, werden der Stundenablauf transparent gemacht und die Arbeitsaufträge erläutert.
Die Erarbeitungsphase wird in vier Gruppen ablaufen. Die Gruppenzusammenstellung wurde zuvor festgelegt. Dabei wurde darauf geachtet, dass, soweit es beurteilt werden kann, stärkere und schwächere SuS zusammen in einer Gruppe arbeiten. Weiterhin wurden die Gruppen bewusst so zusammengestellt, dass SuS, die sich noch nicht gut kennen,

gemeinsam in einer Gruppe sind. Die Zusammenstellung der Gruppen soll dazu führen, dass die SuS der Klasse sich besser kennenlernen und die Klasse zusammenwächst. In den Gruppen wird jeder/m SuS ein einzelnes Axiom zugewiesen. Dieses sollen die SuS zuerst in Einzelarbeit in dem Text finden, bevor sie ihre Ergebnisse in der Kleingruppe austauschen. Somit ist die Gruppenarbeit nach dem „Think-Pair-Share"- Prinzip aufgebaut.[5] Wenn der Austausch in der Gruppe stattgefunden hat, wurden alle fünf Axiome im Text analysiert und jede/r SuS sollte dazu in der Lage sein, jedes Axiom am Text zu lokalisieren und zu erklären. Da die SuS die fünf Axiome zum ersten Mal auf einen Text anwenden, kann es zu Schwierigkeiten kommen. Aus diesem Grund gibt es Hilfekarten[6], auf denen durch gezielte Hinweise auf Textstellen die SuS unterstützt werden. Die Tippkarten liegen jeweils auf dem Gruppentisch in einem Umschlag. Es wurde davon abgesehen, diese auf dem Pult zu positionieren, da es den SuS möglicherweise peinlich erscheint, diese in Anspruch zu nehmen. Falls nach dem Austausch in den Kleingruppen noch Zeit zur Verfügung steht, wird weiterhin in der Kleingruppe diskutiert, warum die Kommunikation in der Geschichte gescheitert ist und zu welchem Zeitpunkt dieses Misslingen eingesetzt hat. Da die gleichmäßige Aufteilung der SuS auf vier Gruppen nicht möglich ist und bei vier Fünfergruppen drei SuS übrig bleiben, werden diese drei SuS auf drei Gruppen verteilt, sodass es drei Sechser- und eine Fünfergruppe gibt. In diesen drei Sechsergruppen wird ein Axiom somit von zwei SuS behandelt. Mit Fünfer- und Sechsergruppen ist die Gruppengröße sehr groß. Dennoch wurde sich für diese Größen entschieden, da jeder SuS zu Beginn eine eigene Aufgabe bearbeitet, nämlich sein Axiom im Text zu belegen. Erst im Anschluss kommt es zu einer Austauschphase, bei welcher jeder SuS sein Ergebnis den anderen vorstellt. Auch hierbei ist die Gruppengröße nicht problematisch. Lediglich bei der zweiten Aufgabe, bei welcher wirklich in der kompletten Gruppe zusammengearbeitet und diskutiert werden soll, wären kleinere Gruppen von Vorteil. Allerdings stellt diese Aufgabe die „Sprinteraufgabe" für schnelle Gruppen dar, sodass nicht klar ist, ob diese überhaupt von allen Gruppen bearbeitet wird. Im Allgemeinen wurde sich für eine Gruppenarbeit entschieden, da in diesen die Sozialkompetenz und Teamfähigkeit gestärkt und durch den Austausch in der Gruppe kreatives und produktives Arbeiten gefördert wird.[7] Gruppenarbeiten bieten ebenfalls den

---

[5] Vgl.: BÖNSCH, Manfred: Unterrichtsmethoden – kreativ und vielfältig. Basiswissen Pädagogik.
Unterrichtskonzepte und –techniken. Baltmannsweiler: Schneider-Verlag Hohengehren 2002, S. 80-83.
[6] Vgl.: Anhang.
[7] Vgl.: BOVET, Gislinde / HUWENDIEK, Volker: Leitfaden Schulpraxis. Pädagogik und Psychologie für den
Lehrerberuf. Cornelsen: Berlin, 2011, S.99f.

11

Vorteil, dass SuS in ihrer Gruppe in einem geschützten Raum sind und somit gegebenenfalls ihre Meinung und Überlegungen freier äußern als vor dem ganzen Plenum.[8] Dadurch erhofft die Lehrkraft sich eine aktivere Mitarbeit, vor allem von den stilleren SuS. Es soll erreicht werden, dass alle SuS in der Gruppe mitarbeiten und mitdenken.

Der Zufall entscheidet, welche/r SuS welches Axiom vorstellt und am Text belegt. Dazu sollen die auf farbigem Papier notierten Ergebnisse an die Tafel gehängt und erläutert werden. Somit kann es dazu kommen, dass eine/r SuS ein Axiom vorstellen muss, welches er oder sie zuvor in der Einzelarbeit nicht behandelt hat. Dennoch müsste dies möglich sein, da in dem zweiten Schritt ein Austausch in den Kleingruppen stattgefunden hat. Falls hierbei Probleme entstehen, darf die Gruppe unterstützend zur Seite stehen. Im Anschluss sollen die anderen SuS ergänzend und korrigierend eingreifen. Nach dieser Präsentation wird entweder Aufgabe drei im geleiteten Unterrichtsgespräch besprochen oder eine Gruppe, die diese Aufgabe schon behandelt hat, stellt ihre Ergebnisse vor. Gibt es mehrere Gruppen mit Ergebnissen, werden diese ergänzen und korrigieren. Die Ergebnisse werden mit den Vermutungen vom Beginn der Stunde abgeglichen und ein Fazit wird an der Tafel festgehalten. Zur Sicherung bekommen alle SuS in der nächsten Unterrichtsstunde die Ergebnisse auf einem Arbeitsblatt kopiert ausgeteilt.

Hier ist das Minimalziel der Unterrichtsstunde erreicht.

Als didaktische Reserve ist geplant, dass die SuS in Einzelarbeit das Aufeinandertreffen der beiden Männer am darauf folgenden Tag verfassen. Falls die Zeit nicht ausreicht, wird dies die Hausaufgabe darstellen. Dabei sollen sie darauf achten, welche Voraussetzungen gegeben sein müssen, damit das Gespräch gelingt und die Männer die misslungene Kommunikation klären können.

Eine mögliche Schwierigkeit der Unterrichtsstunde ist die zeitliche Knappheit, da die SuS sehr heterogen arbeiten. Ebenfalls könnten die SuS Probleme haben, die einzelnen Axiome im Text zu finden, da sie diese lediglich in der Theorie kennengelernt haben. Aus diesem Grund sind die Aufgabenstellungen auf den Arbeitsblättern enger gestellt, sodass die SuS wissen welche Frage sie zu beantworten haben. Falls dennoch Probleme auftreten, können die SuS auf Tippkarten zurückgreifen, welche ihnen zur möglichen Lösung Verweise zu den Textstellen bieten. Zeit wird weiterhin dadurch gespart, dass die SuS die Ergebnisse nicht von der Tafel übernehmen müssen, sondern via E-Mail eine Zusammenfassung der

---

[8] Vgl.: MEYER, Hilbert: UnterrichtsMethoden II: Praxisband. Cornelsen: Frankfurt am Main, 1989, S.245.

Ergebnisse bekommen. Eine Herausforderung ist es ebenfalls SuS Axiome erklären zu lassen, welche sie nicht selbstständig erarbeitet haben. Hierbei kann es zu Schwierigkeiten kommen. Falls es zu Problemen kommt, können andere SuS ergänzen und Hilfestellungen geben.

Dennoch soll diese Variante durchgeführt werden, da den SuS bewusst werden soll, dass sie beim Austausch in der Gruppe gut erklären und zuhören müssen, um später diese Ergebnisse präsentieren zu können.

Quellenverweise

BÖNSCH, MANFRED: Unterrichtsmethoden – kreativ und vielfältig. Basiswissen Pädagogik. Unterrichtskonzepte und –techniken. Baltmannsweiler: Schneider-Verlag: Hohengehren, 2002.

BOVET, GISLINDE / HUWENDIEK, VOLKER: Leitfaden Schulpraxis. Pädagogik und Psychologie für den Lehrerberuf. Cornelsen: Berlin, 2011.

KLIPPERT / HUBER (2003): Kernkompetenz „Erfolgreiches Arbeiten in Gruppen". In: BOVET, GISLINDE / HUWENDIEK, VOLKER [Hrsg.]: Leitfaden Schulpraxis. Pädagogik und Psychologie für den Lehrerberuf. Cornelsen: Berlin, 2011.

MEYER, Hilbert: UnterrichtsMethoden II: Praxisband. Cornelsen: Frankfurt am Main, 1989.

Internetquellen:

Ministerium für Schule und Weiterbildung des Landes Nordrhein-Westfalen: Zentralabitur NRW- Abitur 2016- Deutsch, unter: https://www.standardsicherung.schulministerium.nrw.de/abitur-gost/fach.php?fach=1 (letzter Zugriff 11.03.2015).

Textgrundlage:

Technische- Universität Dresden, unter: www.psychologie.tu-dresden.de/i2/klinische/psychotherapie_materialien/58_Die_Geschichte_vom_Hammer.pdf (letzter Zugriff: 16.09.2015).

Textgrundlage:

Paul Watzlawick

Die Geschichte mit dem Hammer

Ein Mann will ein Bild aufhängen. Den Nagel hat er, nicht aber den Hammer. Der Nachbar hat einen. Also beschließt unser Mann, hinüberzugehen und ihn auszuborgen. Doch da kommt ihm ein Zweifel: Was, wenn der Nachbar mir den Hammer nicht leihen will? Gestern schon grüßte er mich nur so flüchtig. Vielleicht war er in Eile. Vielleicht hat er die Eile nur vorgeschützt, und er hat was gegen mich. Und was? Ich habe ihm nichts getan; der bildet sich da etwas ein. Wenn jemand von *mir* ein Werkzeug borgen wollte, ich gäbe es ihm sofort. Und warum er nicht? Wie kann man einem Mitmenschen einen so einfachen Gefallen abschlagen? Leute wie dieser Kerl vergiften einem das Leben. Und dann bildet er sich noch ein, ich sei auf ihn angewiesen. Bloß weil er einen Hammer hat. Jetzt reicht's mir wirklich. - Und so stürmt er hinüber, läutet, der Nachbar öffnet, doch bevor er "Guten Tag" sagen kann, schreit ihn unser Mann an: "Behalten Sie Ihren Hammer".

Zusammenfassung des szenischen Spiels

Antizipierte Antworten:

- es geht um zwei Männer, von denen der eine sich bei dem anderen einen Hammer ausleihen möchte
- er fragt seinen Nachbarn jedoch nicht, da ihm einige Zweifel kommen
- wütend geht er zu dem Nachbarn hinüber und schreit ihn an, dass er seinen Hammer behalten könne
- der angesprochene Nachbar weiß nicht, wie es zu dieser Aussage kommt, da er die Gedanken des Mannes nicht kennt
- Kommunikation ist gestört

Erwartete Vermutungen warum die Kommunikation gestört ist:

- gelungene / funktionierende Kommunikation: trifft nicht zu

→gestörte Kommunikation:

- der Nachbar ist unwissend und kann die Aussage des Mannes nicht verstehen, da sie aus seiner Sicht zusammenhangslos geäußert wird
- der Nachbar ist unvorbereitet, als er von dem Mann angegriffen wird
- der Nachbar kennt nicht einmal das Thema der Kommunikation und hat keine Chance sich zu äußern, nachzufragen oder zu rechtfertigen

- Der Mann interpretiert zu viel in die flüchtige Begrüßung hinein

- Beziehungsebene der beiden ist gestört

Aufgabenblatt:

Einzelarbeit	**Axiom 1: Man kann nicht nicht kommunizieren.**
	Aufgabe 1:
	a. Lesen Sie die Geschichte erneut in Ruhe durch.
	b. **Wenden Sie Axiom 1 auf den Text an:** Inwiefern kommunizieren der Mann und der Nachbar bei den jeweiligen Begegnungen miteinander?
	c. Schreiben Sie ihre Ergebnisse auf das bunte Papier und belegen Sie sie mit Zitaten.
Gruppenarbeit	Aufgabe 2: Stellen Sie sich gegenseitig in Ihrer Gruppe Ihre Ergebnisse vor und tauschen Sie sich aus.
Gruppenarbeit	Aufgabe 3: Aus welchen Gründen ist die Kommunikation in der Geschichte gescheitert? Finden Sie gemeinsam Textstellen, die das Scheitern der Kommunikation einleiten. Beziehen Sie die fünf Axiome mit in Analyse mit ein.

| Einzelarbeit | **Axiom 2: Jede Kommunikation hat einen Inhalts- und ein Beziehungsaspekt.**

Aufgabe 1:

a. Lesen Sie die Geschichte erneut in Ruhe durch.

b. **Wenden Sie Axiom 2 auf den Text an:** Was ist der Inhalt der ersten Begegnung? Welche Beziehung haben die beiden Männer zueinander und gehen beide Männer von der gleichen Beziehung aus?

c. Schreiben Sie ihre Ergebnisse auf das bunte Papier und belegen Sie sie mit Zitaten. |
|---|---|
| Gruppenarbeit | Aufgabe 2:

Stellen Sie sich gegenseitig in Ihrer Gruppe Ihre Ergebnisse vor und tauschen Sie sich aus. |
| Gruppenarbeit | Aufgabe 3:

Aus welchen Gründen ist die Kommunikation in der Geschichte gescheitert?

Finden Sie gemeinsam Textstellen, die das Scheitern der Kommunikation einleiten.

Beziehen Sie die fünf Axiome mit in Analyse mit ein. |

Axiom 3: Kommunikationsabläufe werden durch Aktion und Reaktion der Beteiligten bedingt.

Aufgabe 1:

a. Lesen Sie die Geschichte erneut in Ruhe durch.

b. **Wenden Sie Axiom 3 auf den Text an:**

Würden sowohl der Mann als auch der Nachbar den gleichen Ursprung bzw. den gleichen Zeitpunkt für die Kommunikationsstörung angeben?

c. Schreiben Sie ihre Ergebnisse auf das bunte Papier und belegen Sie sie mit Zitaten.

Aufgabe 2:

Stellen Sie sich gegenseitig in Ihrer Gruppe Ihre Ergebnisse vor und tauschen Sie sich aus.

Aufgabe 3:

Aus welchen Gründen ist die Kommunikation in der Geschichte gescheitert?

Finden Sie gemeinsam Textstellen, die das Scheitern der Kommunikation einleiten.

Beziehen Sie die fünf Axiome mit in Analyse mit ein.

Einzelarbeit	**Axiom 4: Kommunikation besteht aus analogen und digitalen Äußerungen.**
	
	Aufgabe 1:
	
	    a. Lesen Sie die Geschichte erneut in Ruhe durch.
	
	    b. **Wenden Sie Axiom 4 auf den Text an:**
	       Wo lassen sich analoge und digitale Kommunikation im Text finden?
	
	    c. Schreiben Sie ihre Ergebnisse auf das bunte Papier und belegen Sie sie mit Zitaten.

Gruppenarbeit	Aufgabe 2: Stellen Sie sich gegenseitig in Ihrer Gruppe Ihre Ergebnisse vor und tauschen Sie sich aus.
Gruppenarbeit	Aufgabe 3: Aus welchen Gründen ist die Kommunikation in der Geschichte gescheitert? Finden Sie gemeinsam Textstellen, die das Scheitern der Kommunikation einleiten. Beziehen Sie die fünf Axiome mit in Analyse mit ein.

Einzelarbeit	**Axiom 5: Kommunikation verläuft symmetrisch oder komplementär.**
	Aufgabe 1:
	a. Lesen Sie die Geschichte erneut in Ruhe durch.
	b. **Wenden Sie Axiom 5 auf den Text an:** Was spricht für eine symmetrische und was für eine komplementäre Beziehung zwischen dem Mann und dem Nachbarn?
	c. Schreiben Sie ihre Ergebnisse auf das bunte Papier und belegen Sie sie mit Zitaten.
Gruppenarbeit	Aufgabe 2: Stellen Sie sich gegenseitig in Ihrer Gruppe Ihre Ergebnisse vor und tauschen Sie sich aus.
Gruppenarbeit	Aufgabe 3: Aus welchen Gründen ist die Kommunikation in der Geschichte gescheitert? Finden Sie gemeinsam Textstellen, die das Scheitern der Kommunikation einleiten. Beziehen Sie die fünf Axiome mit in Analyse mit ein.

Antizipierte Ergebnisse für Aufgabe 1:

1. Axiom:

Die flüchtige Begrüßung ist bereits eine Kommunikation, obwohl wir nicht wissen, ob der Mann und der Nachbar miteinander gesprochen haben oder ob der Nachbar zur Begrüßung nur seine Hand zum Gruß gehoben hat.

2. Axiom:

Die Begrüßung des Nachbarn (Inhalt) löst bei dem Mann Zweifel über ihre Beziehung aus. Der Mann hat vermutlich ihre Beziehung als besser und intensiver wahrgenommen und ist nun von einer „flüchtigen" Begrüßung enttäuscht. Er versucht mögliche Ursachen für das Verhalten des Nachbarn zu finden und steigert sich immer weiter in den Gedanken hinein, dass der Nachbar ein Problem mit ihm hat. Schließlich überträgt der Mann die scheinbar negative Einstellung des Nachbarn ihm gegenüber auf sein Anliegen, einen Hammer auszuleihen. Die anfängliche Enttäuschung des Mannes schlägt in Wut um.

3. Axiom:

Der Mann würde vermutlich den Ursprung der gestörten Kommunikation in der flüchtigen Begrüßung des Nachbarn sehen, da er nach seinem Empfinden nicht das erwünschte Verhalten gezeigt hat.

Der Nachbar hingegen hat seine Begrüßung womöglich gar nicht als unangemessen wahrgenommen, da er es eventuell wirklich eilig hatte. Die zweite Begegnung scheint in seinen Augen der Ursprung der gestörten Kommunikation zu sein, da er „aus heiterem Himmel" mit einem ihm unbekannten Thema in unangemessener Weise konfrontiert wird.

4. Axiom:

Bei der ersten Begegnung scheint der Nachbar lediglich analog kommuniziert zu haben (z.B. durch einen schnellen Gang oder eine kurze Handbewegung), da es sonst weniger Anlass für den Mann gäbe, dessen Verhalten zu interpretieren. Hätte der Nachbar zusätzlich zu seiner analogen Kommunikation etwas gesagt wie „Guten Tag Herr Nachbar. Entschuldigen Sie bitte, aber ich habe es eilig, bin schon spät dran." wäre die Situation für den Mann eventuell klarer gewesen und hätte weniger Zweifel hervorgerufen.

Bei der zweiten Begegnung gibt es Hinweise auf eine stimmige analoge und digitale Kommunikation. Der Mann „stürmt" zum Nachbarn herüber, „schreit" ihn an und beschimpft ihn als „Rüpel". Vermutlich untermalt er seine Wut darüber hinaus mit einer Zornesfalte auf der Stirn und einer drohenden Gestik. Der inhaltliche Aspekt des Hammers gehört jedoch nicht zwingend in dieses Muster der Körpersprache.

5. Axiom:

Die LeserInnen haben keine genauen Informationen zu den beiden Figuren. Auf den ersten Blick scheint eine symmetrische Kommunikation vorzuliegen (zwei Männer in einem nachbarschaftlichen Verhältnis ohne erkennbare Hierarchie). Auf den zweiten Blick jedoch wird deutlich, dass der Mann sich untergeben fühlt, da er dem Nachbarn ein vorsätzlich geschaffenes Abhängigkeitsverhältnis unterstellt. Durch die fehlende angemessene Begrüßung fühlt er sich vielleicht nicht richtig wahrgenommen und ignoriert, was auf eine eher komplementäre Kommunikation schließen lässt.

Erwartete Ergebnisse Aufgabe 3

Gründe für das Scheitern der Kommunikation

- Die erste Begegnung ist der Ausgangspunkt für das Scheitern, da
  o sie nur analog ist (Axiom 4) und dies mit anderen Axiomen in Konflikten steht →
  o durch das flüchtige analoge Grüßen wird dennoch kommuniziert (Axiom 1) → und der Inhalt was kommuniziert wird führt nun zu Interpretationen. →
  o Sachebene und Beziehungsebene passen nicht zusammen (Axiom 2), da es eine eilige Begrüßung war und der Mann von einer intensiveren Beziehung zwischen beiden ausgeht → Interpretation
  o Beziehungsintensität beider Männer ist nicht hinreichend geklärt und lässt Spielraum für Interpretationen.

Tippkarten:

Axiom 1

Schauen Sie sich folgende Zeilen genauer an:

Z. 6 f.: „Gestern schon grüßte er mich nur so flüchtig."

Axiom 2

Schauen Sie sich folgende Zeilen genauer an:

Z. 7 ff.: „Vielleicht war die Eile nur vorgeschützt, und er hat etwas gegen mich. Und was? Ich habe ihm nichts getan; der bildet sich da etwas ein. Wenn jemand von mir ein Werkzeug borgen wollte, ich gäbe es ihm sofort. Und warum er nicht? Wie kann man einem Mitmenschen einen so einfachen Gefallen abschlagen? Leute wie der Kerl vergiften einem das Leben. Und dann bildet er sich noch ein, ich sei auf ihn angewiesen."

Axiom 3

Schauen Sie sich folgende Zeilen genauer an:

Z. 6 f.: „Gestern schon grüßte er mich nur so flüchtig."

Z. 16 f.: „Sie können Ihren Hammer behalten, Sie Rüpel!"

Axiom 4

Schauen Sie sich folgende Zeilen genauer an:

Z. 6 f.: „Gestern schon grüßte er mich nur so flüchtig.“

Z. 14 ff.: Und so stürmt er hinüber, läutet, der Nachbar öffnet, doch noch bevor er „Guten Tag“ sagen kann, schreit ihn unser Mann an: „Sie können Ihren Hammer behalten, Sie Rüpel!'“

Axiom 5

Schaue Sie sich folgende Zeilen genauer an:

Z. 13 ff.: Und dann bildet er sich noch ein, ich sei auf ihn angewiesen. Bloß weil er einen Hammer hat. Jetzt reicht's mir wirklich. Und so stürmt er hinüber, läutet, der Nachbar öffnet, doch noch bevor er „Guten Tag“ sagen kann, schreit ihn unser Mann an: „Sie können Ihren Hammer behalten, Sie Rüpel!“

Arbeitsblatt / Hausaufgabe

Die beiden Männer treffen sich am nächsten Tag erneut und es kommt zu einem Gespräch. Ziel ist es den entstandenen Streit zu klären.

Aufgabe: Verfassen Sie den Dialog der beiden Männer.

Erarbeiten Sie ebenfalls, welche Voraussetzungen gegeben sein müssen, damit das Gespräch gelingt und die Männer die misslungene Kommunikation klären können.

Textstelle:

Erklärung: